STEFANIE
HABERLANDER

Das Deko-Buch für
GARTEN & BALKON

Selbstgemachtes aus Naturmaterialien

blv

Inhalt

Basteln, dekorieren, gestalten – kreativ sein ohne Grenzen

Für viele ist der eigene Garten, der Balkon oder die Terrasse so etwas wie das »zweite Wohnzimmer«. Deshalb, meine ich, haben diese besondere Aufmerksamkeit verdient. Oft sind es die kleinen Dinge, die unser Freiluftwohnzimmer zu etwas Besonderem machen. Zu einem Ort, an dem man sich gerne aufhält und rundherum wohlfühlt. Wenn man diese kleinen Dinge auch noch mit einfachen Mitteln und ohne allzu großen Aufwand selbst machen kann, ist es umso schöner.

Kleiner Tipp: Halten Sie sich dabei an die Devise »weniger ist mehr«. Ein buntes Blumenbeet beispielsweise braucht keine üppige Deko, ein i-Tüpfelchen in Form eines einfachen Gartensteckers aus Steinen und Ästen reicht als kleiner Hingucker völlig aus. Umgekehrt kann man dafür einen Balkon mit einigen individuell gestalteten Pflanztöpfen und dem ein oder anderen selbst gemachten Deko-Objekt dazwischen zu mehr Glanz und Gemütlichkeit verhelfen.

Teures Zubehör und aufwendige Techniken sind nicht nötig, um schön und einzigartig zu dekorieren. Alles, was Sie brauchen, finden Sie draußen in der Natur, günstig zu kaufen (zum Beispiel auf dem Flohmarkt) oder im eigenen Haushalt.

Fundgrube Natur

Das meiste Material schenkt uns die Natur. Vor allem Wald, Wiese und Seeufer sind reich an kleinen Schätzen, die nur darauf warten, gefunden und verarbeitet zu werden. So hat jeder die Möglichkeit, einen kleinen Fundus an Deko Material anzulegen.

Schauen Sie deshalb beim nächsten Waldspaziergang mal genauer hin: Äste, Zapfen, Blätter und Steine eignen sich wunderbar zum Dekorieren und Basteln – und können so Ihrem Garten ein ganz neues Flair verleihen. Sie werden sehen, es lohnt sich! Lassen Sie sich einfach von der Natur inspirieren …

Nur Mut

In meinem Buch lege ich Ihnen nicht nur meine liebsten Deko-Ideen ans Herz, durch verschiedene Variationsvorschläge möchte ich auch Ihre eigene Fantasie anregen und Sie zum Experimentieren ermutigen. Trauen Sie sich ruhig, es muss ja nicht perfekt sein. Denn gerade kleine Ungenauigkeiten unterstreichen die Natürlichkeit und verleihen Ihren Werken einen individuellen Charakter. Gestalten Sie also ganz nach Lust und Laune Ihre persönlichen Unikate.

Dazu wünsche ich Ihnen gutes Gelingen sowie viel Freude am Selbermachen und Verschönern Ihres Gartens, Balkons oder Ihrer Terrasse.

Ihre Stefanie Haberlander

Dekorationen einfach selbst gemacht

Umgestalten, dekorieren, basteln – zugegeben, es macht einfach riesigen Spaß, immer wieder nach Lust, Laune und Jahreszeit den Garten oder den Balkon zu verändern und ihm dadurch ein neues Gesicht zu verleihen.

Oft kommt es vor, dass ich in Gärtnereien oder Deko-Läden stehe und mir denke: Viele dieser schönen Dinge könnte man sich doch eigentlich selbst machen. Auch was auf den ersten Blick kompliziert und aufwendig aussehen mag, ist es in Wahrheit oft ganz und gar nicht. Man braucht dazu nicht viel, nur etwas Geschick, Fantasie und Zeit für einen kleinen Ausflug in die Natur (natürlich nicht ohne Rucksack oder Tüte).

Materialien, Werkzeuge, Grundtechniken

Ganz ohne Hilfsmittel geht's aber leider doch nicht. Da sich diese in den meisten Haushalten finden, halten sich die Neuanschaffungen in Grenzen. Das eine oder andere Elektrowerkzeug sowie kleinere Maschinen lassen sich auch günstig im Baumarkt ausleihen. Auf den folgenden Seiten stelle ich Ihnen die im Buch eingesetzten Materialien, Werkzeuge und Techniken genauer vor:

Holz

Holz in all seinen Formen ist mein Lieblingsmaterial und wird deshalb auch häufig in meinen Deko-Ideen verarbeitet. Neben seiner natürlichen Eigenschaft strahlt es Behaglichkeit und Gemütlichkeit aus. Ob als Rinde, Ast, Brett oder Baumscheibe – Holz ist sehr vielseitig verwendbar.

Äste und Zweige

Ob gerade, verzweigt, lang, kurz, dick oder dünn – Äste und Zweige kann man nie genug haben. Dabei verwende ich keine bestimmten, sondern nehme kunterbunt alles, was auf dem Waldboden so herumliegt. Wenn Sie Platz haben, legen Sie sich ruhig einen kleinen Fundus an, aus dem Sie immer wieder bei Bedarf schöpfen können. Wenn ich biegsame Äste brauche, verwende ich **Weide** oder **Haselnuss**. Diese gibt es bündelweise zu kaufen, falls man nicht das Glück hat, eigene im Garten stehen zu haben. Zum Schneiden verwendet man – je nach Dicke – eine **Gartenschere**, **Astschere** (eine günstige vom Discounter reicht für diese Zwecke allemal) oder eine **Handsäge**.

Baumrinde

Diese finden Sie an Baum- oder Astresten, die im Wald auf dem Boden liegen. Auch an Überbleibseln von Holzarbeiten können Sie sich bedienen. Verwenden Sie am besten Rinde von Laubbäumen. Deren Oberfläche ist wesentlich glatter und daher leichter zu beschriften oder zu schneiden. Dazu ist je nach Stärke eine **Garten- oder Astschere** nötig. Trockene Rinde ist sehr brüchig und sollte vor dem Auseinanderschneiden einige Stunden in Wasser eingeweicht werden.

Baumstücke und Baumscheiben

Scheiben oder größere Stücke Holz bekommen Sie im Sägewerk oder bei Holzverarbeitungsbetrieben. Hier können Sie sogar die Holzart bestimmen und sich Exemplare nach Wunsch zuschneiden lassen. Kleinere Scheiben schneide ich mir selbst mit einer **Handsäge** von Brennholzstücken ab. Falls Sie etwas aus einer Scheibe oder einem Stück Holz herausschneiden möchten, ist eine **Stichsäge** empfehlenswert.

Flechten mit Weide

Weidenzweige sind sehr biegsam und können daher gut zum **Flechten** benutzt werden. Geschnitten werden sie im Spätwinter, unbedingt bevor sie beginnen auszutreiben. Es gibt sie aber auch bündelweise in verschiedenen Längen zu kaufen.

Verflochten werden können sie allerdings nur im nassen Zustand. Trockene Zweige müssen daher einige Stunden, oder besser ein paar Tage, in Wasser eingeweicht werden. Eine Regentonne leistet dafür gute Dienste. Danach sind die Weidenzweige wieder weich und brechen nicht mehr. Trotzdem sollte man beim Flechten behutsam und mit Gefühl vorgehen.

Da das Thema Flechten mit Weide grundsätzlich sehr komplex ist, würde es an sich schon ein ganzes Buch füllen. Für die in meinem Buch vorgestellten Ideen reicht es allerdings völlig aus, sich auf die einfachste Technik zu beschränken.

Und so geht's

Zuerst muss ein Grundgerüst gebaut werden. Es besteht aus einer hölzernen Bodenplatte (das kann z. B. eine Baumscheibe sein oder auch ein höheres Stück Baumstamm) und aus Ästen oder stabilen Drähten (3 mm Eisendraht), die an der Bodenplatte senkrecht in gleichmäßigen Abständen angebracht sind.

Im Anschluss wird jeweils mit ein, zwei oder auch mehr Ruten Stück für Stück immer in dieselbe Richtung durch das Gerüst geflochten. Mit den nächsten Ruten flechten Sie dann entgegengesetzt zur ersten Reihe, d. h., die Weiden führen immer abwechselnd einmal vor und einmal hinter jedem Draht oder Ast des Grundgerüsts entlang.

Nicht perfekt geflochten wirkt dieser Übertopf aus Weidenzweigen viel natürlicher.

Kränze binden aus Reisig

Für meine Arbeiten verwende ich ausschließlich **Birkenreisig**. Aus dem einfachen Grund, weil es in unserem Dorf eine Birke gibt, deren nette Besitzer nichts dagegen haben, wenn ich sie alljährlich im Frühling etwas zurückschneide. **Weidenreisig** eignet sich genauso zum Dekorieren. Da die kleinen Zweige eher dünn sind, genügt zum Schneiden eine einfache **Gartenschere**.

So binden Sie Reisig-Kränze
Das brauchen Sie
Eisendraht 3 mm, Reisig, Myrtendraht, Seitenschneider

Aus dem Eisendraht biegen Sie sich als Erstes eine beliebige Grundform (z. B. rund, Herz- oder Ei-Form). Lassen Sie die Drahtenden leicht überlappen und fixieren Sie diese mit Myrtendraht. Nun binden Sie den Reisig Stück für Stück mit Myrtendraht um das Drahtgerüst, bis der Kranz die gewünschte Stärke erreicht hat, und verdrehen die Enden miteinander.

Kleiner Tipp: Reisig-Kränze können Sie gut als Gerüst für diverse Deko-Kränze verwenden.

Draht

Drähte gibt es in verschiedenen Farben, Stärken und Materialien. Zum Abschneiden wird ein **Seitenschneider** und zum Biegen eine **Rundzange** oder eine **Kombizange** verwendet. Für die Arbeiten in diesem Buch benötigen Sie folgende Drähte:

Myrtendraht (Bindedraht)
ist 0,3 mm stark, dient hauptsächlich zum Verbinden und Fixieren und ist in verschiedenen Farben erhältlich.

Wickeldraht
hat die Stärke 0,6 mm, ist ebenfalls in vielen Farben erhältlich.

Eisendraht
blank und weichgeglüht, mein Lieblingsdraht. Ich verwende ihn in den Stärken 1,4, 1,6 und 3 mm. Sie können ihn günstig in Baumärkten auf 2,5- oder 5-kg-Spulen beziehen.

Aluminiumdraht
ist sehr weich und biegsam. Für meine Deko-Ideen benötigen Sie die Stärken 1 und 2 mm. Er ist in allen Farben erhältlich.

So sieht ein halbfertiger Reisigkranz Rohling aus.

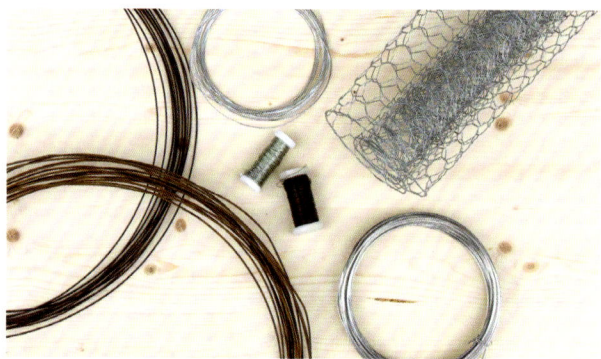

Draht-Potpourri: Allesamt sehr flexibel einsetzbar.

Maschendrahtgeflecht

wird auch Hasendraht genannt. Dieses Drahtgeflecht gibt es als Meterware in zwei verschiedenen Lochgrößen. Zum Schneiden verwenden Sie am besten eine **Drahtschere** (ein Seitenschneider oder eine Blumenschere, um die es nicht schade ist, eignen sich genauso). Achtung: Wegen der hohen Verletzungsgefahr zum Verarbeiten unbedingt Handschuhe tragen!

Eisenstangen

Diese dienen als Grundlage für meine Gartenstecker. Ich verwende sie in den Stärken 4, 6 und 8 mm (einfacher Rundstahl, blank). Rundstahl bekommt man günstig im Eisenwaren-Fachhandel, er ist in 1-mm-Schritten von 4 bis 12 mm Durchmesser erhältlich.

Meist haben die Stangen eine Länge von 3 bis 6 Metern (natürlich kann man sich diese für den leichteren Transport im Auto vor Ort zuschneiden lassen). Zum Kürzen auf die richtige Länge ist eine **Eisensäge** erforderlich. Biegen (z. B. für die Spiralspitze eines Gartensteckers) lässt sich der Rundstahl mit einem **Schraubstock**, einer **Zange** und evtl. einem **Schränkeisen**.

So erhalten die Eisenstangen Rostoptik

Füllen Sie etwas Wasser in einen kleinen Eimer (o. Ä.) und geben Sie eine ordentliche Portion Salz hinein. Dann reiben Sie die Eisenstangen mit einem Schwamm von oben bis unten von allen Seiten großzügig mit der Salzlake ab und legen sie einige Tage ins Freie (am besten an eine dem Regen ausgesetzte Stelle, z. B. auf dem Rasen). Die Stangen sollten in dieser Zeit immer mal wieder gedreht werden, um ein gleichmäßiges Ergebnis zu erzielen. Nach Bedarf wiederholen Sie den Vorgang, bis die von Ihnen gewünschte Rostoptik erreicht ist. Nun können die Eisenstangen weiterverarbeitet werden. Anregungen für dekorative Gartenstecken finden Sie ab Seite 55.

Sonstige Werkzeuge und Hilfsmittel

Praktisch für Klebearbeiten mit Naturmaterialien ist eine **Heißklebepistole**. Viel Geld muss man dafür nicht ausgeben, auch eine günstige erfüllt ihren Zweck allemal. Behalten Sie die Angebote der Discounter im Auge, dort lässt sich so manches »Werkzeug-Schnäppchen« ergattern. Für sicheren Halt reicht allerdings Heißkleber allein oft nicht aus, gerade wenn das Werk im Freien stehen soll. Temperaturschwankungen und Feuchtigkeit können dem Kleber sehr zusetzen, sodass er sich evtl. wieder lösen kann. Deshalb fixiere ich das jeweilige Objekt immer zusätzlich mit Draht. So bleibt alles an seinem Platz. Gold- oder Silberdraht z. B. sieht noch dazu schön aus.

Akku-Bohrschrauber, ein dazugehöriger Satz **Bohrer** sowie **Hammer**, **Nägel** und **Schraubzubehör** sind ebenfalls unverzichtbar für diverse Arbeiten mit Naturmaterialien, vor allem Holzarbeiten.

Praktisch, aber kein Muss ist ein **Tacker mit Nagelfunktion** (mit den dazugehörigen **Klammern** und **Nägeln**). Er ersetzt das eher mühsame Einschlagen von Nägeln per Hand. Dieses Hilfsmittel ist allerdings etwas teuer und empfiehlt sich daher bei häufiger Nutzung.

Ein **wasserfester Lackstift** ist in vielen Farben erhältlich und eignet sich für fast alle gängigen Untergründe. Holz, Rinde, Tontöpfe und vieles mehr lassen sich damit schön beschriften oder individuell bemalen.

Ein weiteres praktisches Hilfsmittel ist eine einfache **Paket- oder Haushaltsschnur**. Durch ihre Stabilität und Reißfestigkeit leistet sie gute Dienste, wenn Sie zum Beispiel Pflanzgefäße aufhängen oder verschiedene Materialien verbinden oder zusammenhalten möchten.

Darin fühlen sich Blumen wohl

Zugegeben: Klassische Plastiktöpfe sind zwar günstig, aber nicht unbedingt schön anzuschauen. Mit den folgenden Tipps und Anleitungen lässt sich das leicht ändern. Denn mit einfachen Mitteln und gängigen Materialien können Sie daraus schöne und einzigartige Objekte zaubern, die Ihre Topfpflanzen zum absoluten Hingucker werden lassen. Die Möglichkeiten sind so vielseitig wie die Natur selbst. Lassen Sie einfach Ihrer Fantasie freien Lauf …

Draht-Übertopf mit Herzen

Alter rostiger Eisendraht ist mein absoluter Lieblingsdraht. Man kann daraus regelrechte Kunstwerke entstehen lassen, an denen man die Marke Eigenbau – wenn überhaupt – erst auf den zweiten Blick erkennen kann.

Das brauchen Sie

Eisendraht (1,6 mm)

Braunen Myrtendraht

Zange

Seitenschneider

1 Schneiden Sie vom Draht ein 120 cm langes Stück ab, knicken Sie es in der Mitte und verdrehen Sie beide Teile miteinander (evtl. eine Zange zu Hilfe nehmen). Biegen Sie daraus den kleineren Ring für den Boden.

2 Schneiden Sie nun ein 100 cm langes Stück Draht ab und verdrehen Sie dieses ebenso wie das erste. Daraus biegen Sie ein längliches Herz (s. Bild). Anfang und Ende des Drahtes sollten am unteren Ende des Herzes spitz zulaufen. Fertigen Sie auf diese Art noch vier weitere Herzen.

3 Danach befestigen Sie die Herzen mit deren unteren spitzen Enden im gleichen Abstand am Bodenring. Drahten Sie im Anschluss die Herzen an den Seiten mit Myrtendraht zusammen.

4 Aus einem letzten Drahtstück (etwa 150 cm) drehen Sie nun eine weitere Kordel. Biegen Sie diese zu einem größeren Ring für den oberen Abschluss und befestigen Sie diesen mit Myrtendraht an den Herzoberseiten.

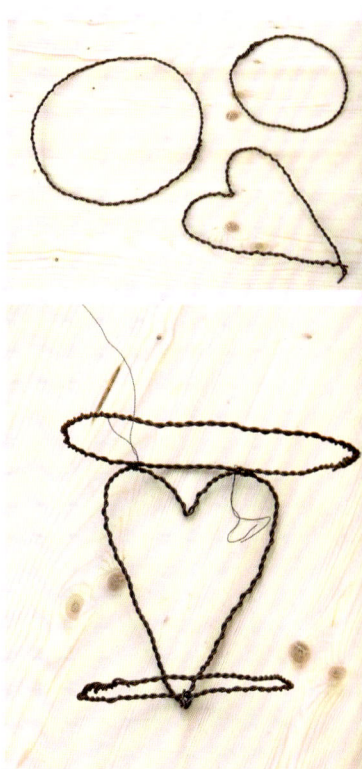

16

Minigärten

Um mehrere Pflanzen auf möglichst kleinem Raum unterzubringen, kann man die Töpfe anstatt nebeneinander auch platzsparend und dekorativ übereinander anordnen.

Das brauchen Sie

Topf-Ampel

3 Tontöpfe gleicher oder unterschiedlicher Größe

Paketschnur, Schere

A Topf-Ampel

Binden Sie um jeden Topf unterhalb des Randes ein Stück Paketschnur fest. Nehmen Sie nun die Töpfe heraus und verbinden Sie die Schnur-Ringe mit drei jeweils 1 m langen Schnüren miteinander. Die Abstände zwischen den Schnur-Ringen sollten gleich sein, damit die Ampel später gerade hängt. Binden Sie nun die drei Schnüre oben zusammen und hängen Sie die Konstruktion zunächst ohne Töpfe auf. Setzen Sie zum Schluss die bepflanzten Töpfe hinein.

Kleiner Tipp

Verwenden Sie am besten hängende Pflanzen. Der Platz nach oben ist bei den unteren beiden Töpfen etwas begrenzt.

Tontopf-Säule

Eisenstange
(6 mm Durchmesser)

6 Tontöpfe gleicher Größe

Kräuter

B Tontopf-Säule

Stellen Sie einen Topf mit der Öffnung nach unten auf die Erde. Platzieren Sie die restlichen fünf Töpfe richtig herum ineinandergestellt mittig obendrauf. Führen Sie die Stange durch die Abzugslöcher und stecken Sie diese fest in die Erde (gebogene Spitze s. Seite 58). Verteilen Sie nun die fünf Töpfe über die Stange nach oben, abwechselnd mit der Öffnung nach links und rechts, und bepflanzen Sie diese mit verschiedenen Kräutern.

Hakenleiste aus Besteck

Ein etwas anderes Recycling für altes Besteck birgt diese ausgefallene Hakenleiste. Solche alten Besteckteile finden Sie auf dem Flohmarkt oder beim Antiquitätenhändler.

Das brauchen Sie

5 alte Löffel und/oder Gabeln

Hammer

Evtl. Rundzange

Holzbrett

5 dünne Schrauben

Akku-Bohrschrauber

Bohrer im Schrauben-durchmesser

Schraubendreher

Paketschnur

2 Schrauben zur Wandbefestigung

Blumentöpfe

1 Legen Sie jedes Besteckteil mit der Vorderseite nach unten auf eine feste Unterlage und klopfen Sie es mit dem Hammer so flach wie möglich. Sie können die Besteckteile auch nacheinander in einen Schraubstock spannen und durch vorsichtiges Zudrehen flach drücken.

2 Bohren Sie in jedes Besteckteil oberhalb des Stiels ein Loch für die Befestigungsschrauben.

3 Nun biegen Sie die Teile vorsichtig bis zur gewünschten Krümmung (evtl. mit der Zange nachhelfen).

4 Markieren Sie am Brett die Positionen der Haken und schrauben Sie das Besteck ans Holzbrett. Befestigen Sie die fertige Hakenleiste an der Wand und hängen Sie die Blumentöpfe mit Paketschnur an die Besteckhaken.

Kleiner Tipp

Damit das Besteck keine Macken vom Werkzeug bekommt, wickeln Sie es zur Bearbeitung am besten in ein Stück Stoff.

Blumenampel aus Draht

Diese Drahtschale ist vielseitig einsetzbar. Sie eignet sich zum Beispiel auch als hängender Obstkorb oder zur Aufbewahrung von Gartenutensilien. Sie wollen die Schale lieber auf den Tisch stellen? Dann lassen Sie die Spiralen unten einfach weg.

Das brauchen Sie

Eisendraht (3 mm)

Eisendraht (1,4 mm)

Zange

Moos

Folie zum Ausschlagen

Paketschnur

Schere

1 Biegen Sie aus dem dicken Eisendraht eine spiralförmige Schale. Dabei am oberen Rand beginnen und nach unten hin schmaler und enger werden.

2 Um das instabile Grundgerüst zusammenzuhalten, verbinden Sie das Drahtgestell mit dem dünnen Draht Stück für Stück von oben nach unten miteinander. Jede Spirale der Schale soll an jeweils vier Stellen mit dem dünnen Draht umwickelt sein (s. Bild). Die überstehenden Enden biegen Sie unten und oben zu kleinen Spiralen.

3 Legen Sie die fertige Schale zuerst mit Moos und dann mit Folie aus und binden Sie vier gleich lange Paketschnüre zum Aufhängen an den Drahtkorb. Da die Schale wegen der Spiralen nicht stabil steht, stellen Sie diese zum Bepflanzen am besten auf einen Eimer.

Dreibeiniger Blumenständer

Falls Ihnen der Blumenständer zu niedrig ist, können Sie natürlich auch längere Äste verwenden. Nehmen Sie dann vier Aststücke anstelle von drei und binden Sie diese nicht mittig, sondern nach etwa einem Drittel zusammen.

Das brauchen Sie

3 Stöcke (je etwa 70 cm lang)

Paketschnur

Myrtendraht braun

Reisig

Folie zum Ausschlagen

1 Binden Sie die Stöcke mittig mit der Paketschnur zusammen. Fertigen Sie nun aus dem Reisig und dem Myrtendraht eine lange Girlande: Dazu nehmen Sie immer wieder etwa zwei Finger dick Reisig auf und umwickeln diesen in einem Abstand von 15 cm mit Myrtendraht. Möglichst konstant Reisig aufnehmen, sodass eine gleichmäßige Girlande entsteht.

2 Stellen Sie die zusammengebundenen Stöcke auf und drücken Sie diese auseinander, bis sie einen stabilen Stand bekommen. Nun die Girlande, unten beginnend, innerhalb der Stöcke kreisförmig auslegen und dabei hin und wieder die Girlande mit Myrtendraht an den Stöcken fixieren. Etwa 5 cm unterhalb der Stockenden stoppen.

3 Zum Schluss legen Sie die entstandene Reisigschale mit Folie aus. Damit das Wasser ablaufen kann, unten ein Loch in die Folie schneiden.

Kleiner Tipp

Falls es einmal schnell gehen soll: Reisiggirlanden gibt es auch fertig gebunden im Floristik-Handel zu kaufen.

Blumenschaukel

Ich sammle mit Leidenschaft am Chiemseeufer Schwemmholz, am liebsten solche Bretter. Der Stapel im Schuppen wächst stetig. Zum Glück gibt es genügend Dinge, die man daraus machen kann – wie diese Schaukel für Blumentöpfe.

Das brauchen Sie

Holzbrett

Bleistift

Akku-Bohrschrauber

Dicken Bohrer

Stichsäge

Feste Schnur

Tacker

1 Zuerst müssen in das Brett drei Aussparungen für die Töpfe geschnitten werden: Dazu messen Sie den oberen Durchmesser des Topfes, ziehen 1 cm ab und zeichnen die Kreise mit Bleistift auf das Brett.

2 Bohren Sie jeweils an den inneren Rand eines jeden Kreises ein Loch und sägen Sie dann mit der Stichsäge entlang der Anzeichnung.

3 Nun tackern Sie an der Unterseite des Brettes seitlich die Schnüre zum Aufhängen fest. Hängen Sie das Brett z. B. frei an einen Baum oder an eine Wand und stellen Sie die bepflanzten Blumentöpfe hinein.

Schon gewusst?

An Tontöpfen bilden sich mit der Zeit oftmals Kalkablagerungen, Moosspuren und Verwaschungen. Bevor sie neu bepflanzt werden, sollten sie gründlich gereinigt werden. Am besten schrubbt man sie im Sodawasserbad mit einer Drahtbürste ab. Bei hartnäckigeren Flecken Essigreiniger auftragen, 20 Minuten einwirken lassen und unter fließendem Wasser abbürsten.

Übertöpfe mit Moos

Moos verschönert im Nu unansehnliche Übertöpfe, die Sie dann nach Herzenslust und passend zur Jahreszeit dekorieren können. Sie finden es im Wald auf Baumstümpfen und an modrigen Holzresten. Vor der Verarbeitung sollte es ein paar Tage auf Zeitungspapier getrocknet werden.

Das brauchen Sie

Blumentopf

getrocknetes Moos

Heißklebepistole

Aluminiumdraht (1 mm)

Eisendraht (1,4 mm)

Braunen Myrthendraht

Rundzange

Beeren nach Wahl

1 Kleben Sie das Moos mit Heißkleber um den Topf, sodass keine Lücken mehr zu sehen sind. Dazu muss es evtl. zurecht-geschnitten oder -gerissen werden.

A Variation mit Drahtgirlande

Biegen Sie aus dem Aludraht eine Herz-Girlande (s. Foto), wickeln Sie diese vorsichtig um den Moostopf und verdrehen Sie ihre Enden an der Rückseite miteinander.

Kleiner Tipp

Sie können natürlich auch beliebige andere Formen als Girlan-den biegen. Zum Beispiel Spiralen, Sterne oder auch Wörter (etwa einen netten Geburtstagsgruß oder ein »Danke«).

B Variation mit Beeren-Herz

Biegen Sie aus dem Eisendraht ein Herz in gewünschter Größe und fädeln Sie die Beeren daran auf.

Verbinden Sie die beiden Enden mit Myrtendraht miteinander. Zur Befestigung biegen Sie kleine Draht-Häkchen an das Herz und stecken es daran ins Moos.

Baumscheiben-Ampel

Eine weitere Möglichkeit, um Blumentöpfe platzsparend und dekorativ zugleich in Szene zu setzen, ist diese Ampel aus Baumscheiben. Stellen Sie in die unterste Scheibe eine hängende Pflanze (zum Beispiel Efeu), das sieht besonders schön aus.

Das brauchen Sie

3 Baumscheiben
(etwa 20 cm Durchmesser)

3 Tontöpfe
(max. 13 cm Durchmesser)

Zirkel

Akku-Bohrschrauber

Dicken Bohrer

Stichsäge

Feste Schnur

Bohrer in Schnurdicke

1 Zeichnen Sie mit dem Zirkel auf jede Baumscheibe mittig einen Kreis, sodass ein Rand von minimal 4 cm übrig bleibt. Falls Sie keinen Zirkel zur Hand haben, schneiden Sie sich alternativ aus Pappe eine Schablone.

2 Bohren Sie an jeden inneren Kreisrand ein Loch und sägen Sie mit der Stichsäge die Kreise aus.

3 Nun bohren Sie in jeden Holzring gleichmäßig verteilt drei Löcher in Schnurdicke. Schneiden Sie von der Schnur drei gleich lange Stücke in etwa 120 cm Länge ab und binden Sie an einem Ende jeder Schnur je einen dicken festen Knoten.

4 Fädeln Sie die erste Scheibe auf die drei Schnüre und binden Sie dann in gewünschter Höhe der nächsten Scheibe jeweils einen weiteren dicken Knoten. Fädeln Sie nun die zweite Scheibe auf die Schnüre und verfahren Sie mit der dritten ebenso.

5 Am Schluss die Schnüre oben zusammenbinden und schon können Sie die Ampel aufhängen und mit bepflanzten Töpfen bestücken.

Verkleidete Konservendosen

Bei den Pflanztöpfen handelt es sich um nichts Geringeres als mit Ästen beklebte Konservendosen. Von nun an sind diese zum Wegwerfen viel zu schade.

Das brauchen Sie

3 Konservendosen

Dünne Äste

Gartenschere

Heißklebepistole

Silbernen Myrtendraht

Holzbrett

3 Schrauben mit Muttern

Akku-Bohrschrauber

Bohrer

Eisendraht (1,4 mm)

1 Positionieren Sie die Konservendosen am Holzbrett und bohren Sie jeweils an passender Stelle durch Dose und Holz ein Loch, in das später die Schrauben hineingedreht werden.

2 Schneiden Sie nun die Äste auf die richtige Länge, sodass sie die Dosen oben und unten etwa 1 cm überragen (kleine Unterschiede sind dabei erwünscht, so wirkt das Ganze natürlicher).

3 Kleben Sie die Äste mit Heißkleber auf die Konservendosen. Dabei lassen Sie jeweils die hintere Seite mit dem Loch frei, denn dort wird die Dose später ans Brett geschraubt. Um das Ganze zusätzlich zu fixieren, umwickeln Sie die fertig beklebten Dosen mit Myrtendraht.

4 Für die Aufhängung bohren Sie oben links und rechts am Brett je ein kleines Loch, fädeln den Eisendraht hindurch und biegen daraus kleine Spiralen. Dann die verkleideten Dosen ans Brett schrauben und nach Wunsch bepflanzen (Anleitung »Herz-Girlande« auf Seite 86).

Übertopf und Blumenständer aus Weide

Einfach und dennoch dekorativ sind diese Weidenprojekte. Zum Flechten werden hauptsächlich die Zweige der Korbweide verwendet. Grundsätzlich gilt die Faustregel: Je schmaler die Blätter einer Weide, desto besser lassen sich die Zweige verflechten. Weidenarten mit runden Blättern sind oft eher brüchig. Als Verzierung für den Blumenständer können Sie z. B. auch ein schönes Schleifenband um die Zweige binden – oder Aluminiumdraht spiralförmig von oben nach unten.

Das brauchen Sie

Übertopf aus Weide

Baumstück (etwa 20 cm lang)

Äste (40 cm lang)

Nägel

Hammer

Weidenzweige

Blumenständer aus Weidenruten

Baumstück (etwa 50 cm lang)

Weidenruten (70 cm lang)

Braunen Myrtendraht

Paketschnur

A Übertopf aus Holz und Weide

Nageln Sie die Äste in gleichem Abstand um ein Baumstück. Danach flechten Sie mit Weidenzweigen bis auf die gewünschte Höhe (s. Seite 9) und stellen einen Blumentopf hinein. Diese geflochtenen Werke in unterschiedlichen Größen sehen in einer Gruppe arrangiert sehr dekorativ aus.

B Blumenständer aus Weidenruten

Fixieren Sie die Weidenruten bündelweise mit Myrtendraht um das Baumstück. Am besten arbeiten Sie zu zweit, so kann einer festhalten und der andere die Ruten mit Draht umwickeln. Binden Sie nun die Paketschnur an drei Stellen zur Verzierung um die Ruten und verknoten Sie die Enden fest an der Rückseite.

Mit Hauswurz dekorieren

Die Dach-Hauswurz ist eine alte Heil- und Zierpflanze. Im Mittelalter wurde sie auf Dächer gepflanzt, um das Haus vor Blitzschlag und bösen Hexen zu schützen. Auch Heilwirkungen werden ihr nachgesagt. Unter anderem soll Hauswurzsaft für eine schöne Haut sorgen.

Hauswurz ziert hauptsächlich Steingärten und Trockenmauern, ist sehr genügsam und gedeiht sogar auf engstem Raum. Wegen ihrer geringen Ansprüche braucht sie nur wenig Wasser und muss auch nicht gedüngt werden. Am wohlsten fühlt sie sich in einem Sand-Erde-Gemisch mit einer Drainage aus Blähton oder Kies, da sie keine Staunässe verträgt.

Man kann die grazilen Rosetten aber auch fantasievoller in Szene setzen: Bepflanzte Dachschindeln zum Beispiel sind eine schöne Gestaltungsidee für Balkon und Terrasse. Einen besonderen Reiz entfalten Hauswurze in ausgefallenen Töpfen. Warum nicht mal eine alte Kuchenform oder einen verwitterten Stuhl bepflanzen? Nahezu jedes Gefäß eignet sich als Pflanztopf. Durchsuchen Sie mal Ihren Dachboden oder Keller, es findet sich bestimmt etwas Geeignetes.

Miniteich

Selbst wer keinen großen Garten besitzt, muss nicht auf einen Teich verzichten. Denn für einen Miniteich eignen sich sogar kleine Tröge, alte Töpfe oder Blumenkästen als Gefäße – und diese finden auf jedem Balkon Platz (allerdings sollte dabei die Statik beachtet werden wegen des Gewichtes). Bevor Sie auf der Suche nach einem geeigneten Gefäß in den Baumarkt gehen, schauen Sie erst einmal im Keller oder auf dem Dachboden nach, eventuell findet sich ja dort schon etwas Passendes.

Schon gewusst?

Wasser ist eines der interessantesten Elemente im Garten und hat durch seine beruhigende und entspannende Wirkung seit je eine große Anziehungskraft auf den Menschen ausgeübt. Wasser sollte daher in keinem Garten fehlen – und sei er noch so klein.

Gefäß (z. B. Holztrog)

Evtl. Teichfolie und Tacker oder doppelseitiges Klebeband

Wasserpflanzen

Gitterkörbe

Zeitungspapier

Teicherde

Kies, evtl. Pflastersteine

1 Falls das Gefäß undicht ist (z. B. ein Holztrog), müssen Sie es mit Teichfolie auslegen. Bei Holzgefäßen kann die Folie am oberen Rand angetackert werden, ansonsten schlagen Sie diese nach außen um und befestigen sie unsichtbar mit doppelseitigem Klebeband.

2 Setzen Sie die Pflanzen nun in mit Zeitungspapier ausgelegte Gitterkörbe (Teicherde verwenden), damit diese sich nicht zu stark ausbreiten. Bedecken Sie die Erde mit Kies.

3 Den Boden des Teichgefäßes legen Sie ebenfalls mit Kies aus und setzen evtl. Pflastersteine ein, um die gewünschten Wasserzonen zu imitieren (s. Tipp).

4 Arrangieren Sie die Körbe so, dass die Pflanzen in der richtigen Wassertiefe stehen (Angaben dazu finden Sie auf den jeweiligen Hinweisschildern). Größere Pflanzen gehören in den Hintergrund, kleinere nach vorne.

5 Zum Schluss füllen Sie das Gefäß vorsichtig mit sauberem Wasser. Zum Überwintern lassen Sie das Wasser ab und stellen die Pflanzen in einen Eimer. Einheimische können draußen bleiben, frostempfindliche verweilen im Keller.

Kleiner Tipp

Nicht jede Wasserpflanze eignet sich für einen Miniteich. Lassen Sie sich im Gartencenter beraten, da es verschiedene Pflanzen für unterschiedliche Wassertiefen (Zonen) gibt. So können Sie sich eine mögliche Enttäuschung ersparen.

Pflanzschilder, Rankhilfen & Co.

Rankgerüste oder Rolluntersetzer sind unschön und stören ein schönes Pflanzen-Arrangement? Das muss nicht sein, denn auch diese praktischen Dinge lassen sich dekorativ in Szene setzen: Selbst gebastelte Pflanzschilder, Rankhilfen & Co. können auf natürliche Weise dezent und unaufdringlich in das Gesamtbild Ihres Gartens, Balkons oder Ihrer Terrasse eingefügt werden.

Pflanzstecker »Salbei«

Dieser Pflanzstecker lässt sich unbeschriftet auch als kleiner Gartenstecker verwenden und dekoriert so im Handumdrehen einen Blumentopf. Falls das Holzstück schon einen Namen trägt, Sie es aber mal anderweitig einsetzen möchten, können Sie die Schrift einfach mit Schleifpapier entfernen.

Das brauchen Sie

Eisendraht (1,6 mm)

Rundzange

Braunen Myrtendraht

Holzstück

Weißen Lackstift

Akku-Bohrschrauber

Bohrer (3,5 mm)

1 Schneiden Sie vom Draht 120 cm ab und knicken Sie das Drahtstück mittig. Verdrehen Sie die beiden Enden miteinander (evtl. eine Zange benutzen), bis noch etwa 15 cm übrig sind. Dann biegen Sie aus den Endstücken zwei Spiralen zu den Seiten.

2 Beschriften Sie das Holzstück nun mit dem Lackstift, bohren Sie ein Loch hindurch und stecken Sie es auf den Stab.

3 Aus einem 100 cm langen Drahtstück drehen Sie die Drahtkugel (Anleitung s. Seite 63). Diese ebenfalls aufstecken und mit braunem Bindedraht am Stab befestigen.

Schon gewusst?

Eisendraht rostet im Freien von alleine. Um das Ganze zu beschleunigen, kann man den Draht auch vorher in Salzlake legen. Falls Sie mit bereits rostigem Draht arbeiten, empfehle ich Ihnen generell dünne Baumwoll-Handschuhe zu tragen. Sonst werden die Hände vom Rost sehr schmutzig und lassen sich nur schwer mit spezieller Handwaschpaste wieder reinigen.

»Basilikum« auf Kupferblech

Kupferblech glänzt wundervoll im Sonnenlicht und bringt Ihren Kräutergarten so richtig zum Leuchten. Lassen Sie bei der Gestaltung Ihrer Fantasie freien Lauf und probieren Sie verschiedene Formen und Muster aus.

Das brauchen Sie

Kupferblech (0,15 mm; Prägeblech)

Schere

Kugelschreiber

Filzstift

Sehr stumpfen Bleistift

2 dünne Stöcke

1 Schneiden Sie zuerst aus dem Kupferblech die gewünschte Form aus (an den Seiten 2 cm länger). Dazu zeichnen Sie sich am besten auf einem Blatt Papier eine Schablone und übertragen diese mit Kugelschreiber auf das Metall. Dann schneiden Sie die Form vorsichtig mit der Schere aus dem Blech.

2 Schreiben Sie nun mit dem Filzstift den gewünschten Schriftzug auf ein Blatt Papier (er sollte sich durch das Papier durchdrücken, deswegen eine Unterlage benutzen). Drehen Sie das Blatt um und übertragen Sie den Schriftzug mit dem stumpfen Stift in Spiegelschrift auf das Blech. Dabei genügend Druck ausüben.

3 Verzieren Sie nun die Ränder nach Belieben (ebenfalls von der Rückseite) und drehen Sie das Schild an den Seiten auf die Stöcke.

Kleiner Tipp

Statt Kupferblech können Sie auch kupferfarbenes Aluminiumblech verwenden – das ist wesentlich günstiger als echtes Kupfer und oxidiert auch nicht.

Pflanzschilder für Kräuter

Diese einfachen Pflanzschilder sind schnell gemacht und dekorieren Ihren Kräutergarten auf natürliche Weise.

Das brauchen Sie

Tontöpfchen

Kleines Tontöpfchen

Weißen Lackstift

Holzstöckchen

Beschrifteter Stein

Länglichen Stein

Weißen Lackstift

Tonscherbe

Tontopf-Scherbe

weißer Lackstift

Heißkleber

Holzstöckchen

A Tontöpfchen

Beschriften Sie das Tontöpfchen und stecken Sie es auf einen Holzstab (evtl. einen Kabelbinder anbringen, damit es nicht rutscht).

Wenn genügend Platz im Beet oder Pflanzkübel ist, können Sie das beschriftete Töpfchen auch einfach auf die Erde stellen. Oder Sie wählen die dekorative Variante und malen schöne Muster auf mehrere Töpfchen, die Sie dann auf Stöckchen zwischen die Blumen stecken.

B Beschrifteter Stein

Ein schöner glatter Stein, z. B. aus dem letzten Urlaub, erfreut sich seiner neuen Bestimmung: Mit Lackstift beschriftet kennzeichnet er jetzt dekorativ Ihre Kräuter.

Waschen Sie den Stein vorher gründlich gab, um etwaige Schmutzspuren zu beseitigen, und beschriften Sie ihn mit dem Lackstift.

C Tonscherbe

Scherben eines kaputten Tontopfes sind viel zu schade zum Wegwerfen. Falls gerade kein Exemplar zu Bruch gegangen ist, können Sie nachhelfen, indem Sie einen Topf vorsichtig mit einem Hammer zerschlagen.

Beschriften Sie die Scherbe mit Lackstift und kleben Sie diese mit Heißkleber an ein Holzstöckchen.

Rolluntersetzer

Um schwere Kübel von A nach B zu bringen oder diese schnell mal umzudekorieren – dabei leisten Rolluntersetzer gute Dienste. Holz ist wegen seiner Stabilität ein bestens geeignetes Ausgangsmaterial.

A Aus Ästen

Schneiden Sie die Äste auf eine Länge von etwa 28 cm. Von der Dachlatte sägen Sie zwei Stücke von je 25 cm Länge ab. Nageln Sie die Äste nacheinander dicht an dicht auf die beiden Latten. Dabei ist darauf zu achten, dass die Nägel mittig auf die Latten positioniert werden. Um die Lattenenden zu verdecken, nageln Sie dort jeweils von vorne einen Ast fest. Zum Schluss schrauben Sie die vier Möbelrollen auf die Latten.

B Aus einer Baumscheibe

Auf die Unterseite der Baumscheibe schrauben Sie die vier Möbelrollen. Achten Sie dabei darauf, dass der Abstand zwischen den einzelnen Rollen groß genug ist, dass sich diese in alle Richtungen frei drehen können.

Kleiner Tipp

Baumscheiben können Sie sich in einem Sägewerk passend zusägen lassen. Hier haben Sie eine Auswahl an verschiedenen Holzarten und -dicken. Holzbauer verkaufen ganze Stämme, von denen Sie sich Scheiben absägen können.

Blumenuntersetzer aus Ästen

Dieser dekorative Untersetzer sieht kompliziert aus, ist aber in Wirklichkeit sehr einfach nachzubauen. Denn Äste zusammennageln kann wirklich jeder – und mehr ist es nicht.

Das brauchen Sie

3 bis 4 stabile Astgabeln

Äste (etwa 2 cm Durchmesser)

Astschere

Nägel

Hammer

1 Schneiden Sie die Astgabeln auf ungefähr die gleiche Länge zu (etwa 50 cm) und nageln Sie diese so kreuz und quer zusammen, dass ein stabiles Grundgerüst entsteht.

2 Aus den Ästen schneiden Sie nun einige 12 bis 15 cm lange Stücke. Diese nageln Sie rund um das verzweigte Gerüst, schräg entlang des Randes. Nehmen Sie sich als Unterlage am besten einen Stein.

Kleiner Tipp

Sie können die Schale auch als Obst- oder Dekoschale für den Gartentisch verwenden.

50

Dekorative Rankhilfen

Kletterpflanzen brauchen Spaliere, um den nötigen Halt zu finden. Damit Clematis & Co. sich optimal entfalten können, reichen einfache, selbst gebaute Gerüste aus Ästen und Zweigen – natürlich mit der nötigen Stabilität – völlig aus.

Das brauchen Sie

Rankgitter

12 etwa gleich dicke Äste (etwa 50 cm lang)

Paketschnur

Fächerförmiges Spalier

6 etwa 1 m lange Äste (einer davon etwas länger, er wird in die Erde gesteckt)

Eisendraht (1,4 mm)

Zange

A Rankgitter

Legen Sie die Äste alle im Abstand von etwa 10 cm untereinander aus. Binden Sie diese zuerst an den Seiten, dann in der Mitte mit der Paketschnur zusammen. Hängen Sie das Gitter nun an die Wand und lassen Sie z.B. Efeu daran emporwachsen.

B Fächerförmiges Spalier

Legen Sie die Stöcke fächerförmig auf dem Boden aus, der längere soll in die Mitte. Dann verbinden Sie die Stöcke an drei Stellen – oben, in der Mitte und unten – mit dem Draht. Stecken Sie das Spalier nun am längeren Ast in die Erde. Falls Sie es an der Wand befestigen wollen, schneiden Sie die Äste einfach alle gleich lang.

Dekoratives für Garten & Balkon

Sie sind die i-Tüpfelchen eines jeden Gartens – kleine, liebevoll selbst gemachte Deko-Objekte, mal hier und mal da zwischen Blumen und Pflanzen zu finden. Ob ein origineller Gartenstecker, kleine Schmetterlinge aus Draht oder etwas Poesie auf einem alten Holzbrett, mit ihnen wird ein gewöhnlicher Garten zu einem besonderen Garten.

Gartenstecker

Gartenstecker sind aktuell wie nie und verschönern im Nu ein buntes Blumenbeet oder einen bepflanzten Kübel auf dem Balkon, ohne dabei aufdringlich und überladen zu wirken.

Als Grundlage dient eine Eisenstange (Rundstahl), auf die Sie die jeweiligen Objekte aufstecken können. Sie sollte mindestens 140 cm lang sein, falls Sie die Spitze spiralförmig biegen wollen, noch etwa 50 cm länger.

Auf den folgenden Seiten werden verschiedene Elemente aus Draht, Holz, Stein und anderen Materialien beschrieben, die Sie nach Lust und Laune miteinander kombinieren können. Gestalten Sie sich so Ihren individuellen Gartenstecker. Vielleicht haben Sie ja selbst noch eigene Ideen, die Sie mit einbringen können, seien Sie nach Herzenslust kreativ!

Kleiner Tipp

Wählen Sie die Dicke der Eisenstange passend zur Größe der Zier-Elemente. Bei kleineren Objekten verwenden Sie am besten eine dünne Stange (ca. 4 mm), bei größeren entsprechend eine dickere (ca. 8 mm).

Leuchtende Spitzen

Etwas ausgefallene Kerzenhalter verbergen diese beiden Deko-Stecker in sich.
So sorgen sie in der Nähe von Sitzplätzen für eine dezente Beleuchtung.

Das brauchen Sie

Kugelkerzen-Halter

4 Eisendrähte (3 mm)
von 40 cm Länge

Eisendraht (1,4 mm)

Kombizange

Kugelkerze (8 cm
Durchmesser)

Windlicht-Spitze

3 Eisendrähte (1,6 mm)
von 70 cm Länge

Eisendraht (1,4 mm)

Kombizange

Windlicht-Glas
(z.B. Babygläschen)

A Kugelkerzen-Halter

Biegen Sie aus dem dicken Draht vier Spiralen im Durchmesser
von etwa 6 cm, die Sie danach an die Form der Kugelkerze
anpassen. Um die Spiralen an der Spitze der Eisenstange zu
befestigen, wickeln sie jede von ihnen an dem überstehenden
Ende mit dem dünnen Draht um die Eisenstange. Die Befesti-
gungsstelle können Sie kaschieren, indem Sie z.B. ein Holzstück
mit einem passend dicken Bohrer durchbohren und darüber-
stecken.

B Windlicht-Spitze

Knicken Sie die Drahtstücke mittig und verdrehen Sie die beiden
Enden miteinander, bis noch etwa 10 cm übrig sind. Daraus biegen Sie jeweils zwei Spiralen zu den Seiten. Nun knicken Sie
den verdrehten Teil jeweils entsprechend der Form des Wind-
licht-Glases und befestigen die Elemente wie oben beschrieben
mit dem dünneren Draht an der Eisenstange.

Steckerspitzen & Draht-Kugeln

Eine Spirale muss nicht unbedingt gleichmäßig rund sein, versuchen Sie doch mal eine Dreiecks- oder Rautenform. Das bringt Abwechslung ins Beet!

A Spiralförmige Spitzen

Spiralförmige Spitzen

Rundstahl (4 oder 5 mm Durchmesser)

Schraubstock

Evtl. Schränkeisen

Das gleichmäßige Biegen von Rundstahl erfordert etwas Übung und natürlich das nötige Gerät. Einen Schraubstock hat zwar nicht jeder im Keller, aber es findet sich in Ihrem Bekanntenkreis bestimmt ein Hobbybastler mit einer gut ausgestatteten Werkstatt. Am besten beginnen Sie, indem Sie die Stange so knapp wie möglich an der Spitze in den Schraubstock einspannen und so weit wie möglich biegen. Arbeiten Sie sich auf diese Weise Zentimeter für Zentimeter vor, bis die gewünschte Größe der Spirale erreicht ist. Das Biegen von Rundstahl ist nur bis zu einer Stärke von maximal 5 mm Durchmesser möglich.

B Gefüllte Draht-Kugel

Gefüllte Draht-Kugel

Eisendraht (1,4 oder 1,6 mm Durchmesser, je nach Größe)

Wickeln und drehen Sie den Draht einfach so lange um sich selbst, bis eine Kugel in gewünschter Größe und Form entsteht. Je dichter die Kugel wird, desto schwerer lässt sie sich allerdings auf den Eisenstab aufstecken.

Sie können auch versuchen, andere Formen zu drehen. Ein Drahtknäuel in Ei-Form mit einem Reisig-Nest als Spitze und dekoriert mit kleinen Wachteleiern ist ein hübscher Oster-Stecker.

59

Aufgesteckte Holzstücke

Der Waldboden, das See- und das Flussufer – das sind alles Orte, an denen bestimmt das eine oder andere besondere Stück Holz darauf wartet, dass Sie es aufheben und verarbeiten.

Das brauchen Sie

Holzstück

Akku-Bohrschrauber

Bohrer (0,5 mm dünner als der Stangen-Durchmesser)

Durchbohren Sie das Holzstück und weiten Sie das Bohrloch vorsichtig etwas aus, indem Sie mit dem Akku-Bohrschrauber mehrmals auf und ab bohren. Aber nicht zu stark, schließlich soll das Holzstück fest an der Stange sitzen und nicht rutschen. Des Weiteren sollten Sie darauf achten, dass das Holzstück nicht zu schmal oder brüchig ist, da es sonst beim Bohren auseinanderbrechen kann.

Steine mit Draht befestigt

Nach dem vergeblichen Versuch, Steine zu durchbohren, habe ich mir eine andere Möglichkeit überlegt, um sie in die Gartenstecker mit einbauen zu können. Die Lösung: Draht.

Das brauchen Sie
Stein (etwa 4 bis 5 cm groß)

Eisendraht (1,4 mm)

Umwickeln Sie den Stein mit Draht und befestigen Sie ihn an der Eisenstange. Sie können die Stange mit den Drahtenden auch nach oben und unten einige Zentimeter umwickeln (s. Foto), das wirkt ebenfalls dekorativ.

Drahtformen

Diese kleinen Drahtkugeln lassen sich auch gut als Streu-Deko für Tischdekorationen verwenden. In verschiedenen Größen untereinander aufgehängt, sind sie ein außergewöhnliches Mobile.

Das brauchen Sie

Eisendraht (1,6 mm)

Zange

Braunen Myrtendraht

Festen zylinderförmigen Gegenstand (je nach gewünschter Größe z.B. Glas, Flasche etc.)

1 Wickeln Sie den Draht fest um den Gegenstand (je nach Größe zwischen 8- und 20-mal). Nehmen Sie den so entstandenen Ring ab und binden Sie ihn oben und unten mit dem Myrtendraht fest zusammen.

2 Biegen Sie dann die einzelnen Halbkreise an beiden Seiten nacheinander auseinander, bis eine gleichmäßige Kugelform entstanden ist. Befestigen Sie die Kugel mit Myrtendraht am Stab.

3 Für die ovalen und eckigen Drahtformen umwickeln Sie einfach einen Gegenstand mit der jeweiligen Form (z. B. eine ovale Spülmittelflasche oder eine eckige Glasflasche). Ansonsten gehen Sie vor wie oben beschrieben.

Herzlicher Willkommensgruß

Kann es einen schöneren Empfang geben als ein liebevoll selbst gemachtes Willkommens-schild? So wissen Ihre Gäste gleich, was Sie bei Ihnen sind – stets willkommen.

Das brauchen Sie

Kleines Holzbrett

Eisendraht (1,6 mm)

Braunen Myrtendraht

Akku-Bohrschrauber

Bohrer (1 mm)

Tacker

1 Biegen Sie aus dem Eisendraht je nach Größe des Brettes das Wort »Willkommen«.

2 Fixieren Sie nun den Schriftzug am Brett. Dazu bohren Sie an Stellen, die später vom Draht verdeckt sind, gleichmäßig verteilt vier Löcher in das Brett.

3 Stecken Sie durch jedes Loch von hinten ein Stück Myrtendraht, legen Sie den Schriftzug auf das Brett und fädeln Sie über dessen Draht und durch das Loch zurück auf die Rückseite. Verdrehen Sie dort die Myrtendrahtenden miteinander. Zum Schluss tackern Sie das Brett an die Eisenstange.

Kleiner Tipp

Auf diese Weise lässt sich z. B. auch ein originelles Namensschild für die Haustür anfertigen.

Ministecker

Damit auch kleine Blumentöpfe nicht zu kurz kommen, können Sie Blumenstecker auch im Mini-Format anfertigen. Wenn Sie erst einmal mit der Grundtechnik vertraut sind, fällt es Ihnen sicherlich nicht schwer, Ihre eigenen Variationen zu kreieren.

Das brauchen Sie

Schriftzug aus Draht

Eisendraht (1,4 mm)

Seitenschneider

Rundzange

Kombizange

Braunen Myrtendraht

A Schriftzug aus Draht

Schneiden Sie vom Eisendraht ein 2 m langes Stück ab, knicken Sie es mittig und verdrehen Sie die beiden Enden über eine Strecke von etwa 40 cm miteinander. Formen Sie nun ein Herz und drehen Sie die Enden 10 cm weiter miteinander. Für die Schrift biegen Sie aus einem Draht-Ende das »o« und dann die Buchstaben weiter bis zum letzten (»n«). Aus dem anderen Stück formen Sie die Buchstaben rückwärts bis zum ersten Buchstaben (»W«). Für den i-Punkt drehen Sie eine ganz kleine Spirale und befestigen diese mit Myrtendraht.

Kleiner Tipp: Aus Draht lassen sich auch schöne ornamentale Ministecker herstellen. Verdrehen Sie drei Drähte miteinander und biegen aus jedem Ende eine Spirale. Das Verdrehen von drei Drähten ist nicht ganz einfach und fordert etwas Übung. Deshalb ist eine Kombizange hier unverzichtbar.

Blumen-Stecker

Eisendraht (1,4 mm)

Kombizange

B Blumen-Stecker

Es müssen ja nicht immer Herzen sein. Auch schöne Blumen lassen sich aus einem verdrehten Stück Draht (etwa 150 cm lang) biegen.

Kleine Stecker aus stabilem Draht

Diese Stecker können Sie auch als Spitzen für einen großen Gartenstecker verwenden. Fixieren Sie diese dazu einfach mit dünnem Eisendraht an der Stange, durchbohren Sie ein passendes Holzstück und schieben Sie es als Verkleidung über die verdrahtete Stelle.

Das brauchen Sie

Spiral-Kugel

Eisendraht (3 mm)

Kombizange

Windlicht-Halter

Eisendraht (3 mm)

Kombizange

Drahtkugel

Windlicht-Glas
(z.B. Babygläschen)

Kugelkerzen-Halter

Eisendraht (3 mm)

Kombizange

A Spiral-Kugel

Schneiden Sie vom Draht 150 cm ab und biegen Sie nach 50 cm mit der Zange eine Kugel in Spiralform.

B Windlicht-Halter

Schneiden Sie vom Draht etwa 100 cm ab. Biegen Sie nach 50 cm eine horizontale Spirale als Boden für das Windlicht-Glas. Stellen Sie das Glas darauf und biegen Sie den Draht weiter spiralförmig daran entlang nach oben.

C Kugelkerzen-Halter

Schneiden Sie vom Draht etwa 90 cm ab. Biegen Sie nach 50 cm spiralförmig die Halterung für die Kugelkerze. Nehmen Sie diese dabei als Maß.

Herz aus Draht

Sie sind eingeladen und brauchen noch ein kleines Mitbringsel? Wie wäre es mit diesem selbst gemachten Drahtherz? Auf Moos gelegt und verziert mit Blüten oder einem schönen Schleifenband, kommt es bestimmt bei jedem Deko-Fan gut an.

Das brauchen Sie

Eisendraht (3 und 1,6 mm; bei kleineren Herzen 1,4 mm)

Braunen Myrtendraht

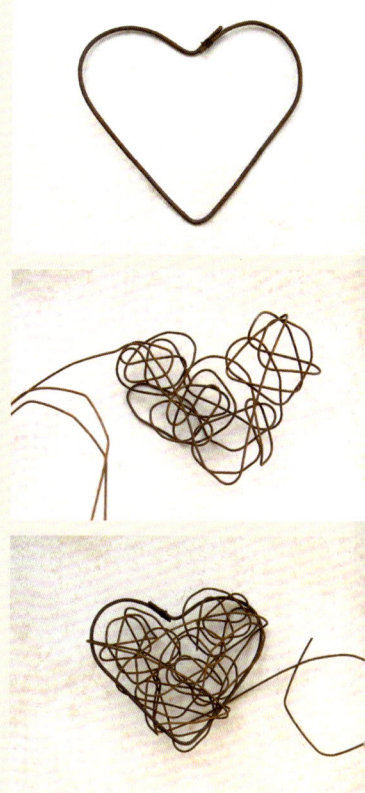

1 Biegen Sie aus dem dicken Eisendraht die Grundform und fixieren Sie diese mit Myrtendraht.

2 Dann biegen Sie mit dem dünnen Draht ein »Durcheinander«, das in etwa der Grundform entspricht. Dazu verdrehen Sie den Draht in sich sowie dreidimensional in alle Richtungen (Draht nicht abschneiden).

3 Legen Sie die Grundform um das Gewirr und wickeln Sie den restlichen Draht so lange um das Herz, bis die gewünschte Optik erreicht ist. Schneiden Sie den Draht ab und stecken Sie das Ende nach innen.

Kleiner Tipp

Dieses wunderschöne Herz macht nicht nur solo eine gute Figur, sondern lässt sich zum Beispiel auch als Element für einen Gartenstecker verwenden (s. Seite 56).

Oder Sie basteln sich mehrere solcher Herzen in unterschiedlichen Größen und hängen Sie untereinander mit Myrtendraht als Girlande auf.

Niedliche Schmetterlinge

Es gibt einen schönen Spruch von Anthony de Mellot: »Das Glück ist ein Schmetterling. Jag ihm nach und er entwischt dir, setz dich hin, und er lässt sich auf deiner Schulter nieder.«

Das brauchen Sie

Länglichen Stein

Eisendraht (3 und 1,4 mm)

Braunen Myrtendraht

1 Aus dem dicken Eisendraht biegen Sie die Grundform der Flügel, die in der Größe auf den Stein abgestimmt wird. Beginnen Sie dabei an einer Stelle, die später durch den Stein verdeckt ist. Die Enden binden Sie mit dem Myrtendraht zusammen.

2 Umwickeln Sie die Flügel nun kreuz und quer mit dem dünnen Eisendraht (bei dem kleinen Schmetterling verwenden Sie dafür Myrtendraht). Anschließend umwickeln Sie den Stein ebenfalls mit Draht und befestigen diesen mit den Drahtenden an den Flügeln. Als Kopf dient eine Draht-kugel (Anleitung siehe Seite 58), an der zwei Fühler aus zusammengedrehtem Draht befestigt werden.

Kleiner Tipp

Der Schmetterling sieht auch schön aus, wenn er auf einen Stock gedrahtet in die Erde eines Pflanztopfes gesteckt wird.

Blumenkrone

Wer, wenn nicht die Königin der Blumen selbst hat es verdient, eine Krone zu tragen. Diese hier aus Draht lässt aber nicht nur Rosen königlich in Erscheinung treten.

Das brauchen Sie

Eisendraht (3 mm)

Eisendraht (1,6 mm)

Eisendraht (1,4 mm)

Kombizange

Seitenschneider

1 Biegen Sie aus dem dicken Draht einen Ring von etwa 15 cm Durchmesser (Enden offen lassen). Nun schneiden Sie von dem 1,6 mm dicken Draht 120 cm ab, knicken das Drahtstück mittig und verdrehen seine beiden Enden miteinander (etwa 35 cm weit, den Rest nicht abschneiden). Drehen Sie insgesamt sechs gleiche Stücke und biegen diese in Form (s. Foto).

2 Nehmen Sie nun die Teile an den oberen, abgeknickten und nicht verdrehten Enden zusammen und umwickeln diese (etwa 2 cm breit) fest mit dem dünnen Draht. Drehen Sie aus den herausstehenden Enden Spiralen. Anschließend biegen Sie alle Teile gleichmäßig auseinander.

3 Danach fixieren Sie die sechs unteren Drahtenden im gleichen Abstand am Ring, indem Sie jede Schlaufe auseinanderzwicken und dann die beiden Enden um den Ring wickeln. Zum Schluss biegen Sie alles noch mal in Form. Nun können Sie die Krone noch mit kleinen Drahtspiralen verzieren.

Kleiner Tipp

Der untere Ring sollte deshalb offen gelassen werden, damit sich die Krone leichter um die Blumen drapieren lässt.

Blumentopf-Zaun

Zäune sind nur was für Garten und Kuhweide? Von wegen, auch Blumen in Töpfen lassen sich sehr dekorativ »einzäunen«. Versuchen Sie sich auch hier mal mit verschiedenen Mustern.

Das brauchen Sie

Eisendraht (1,6 mm)

Braunen Myrtendraht

Kombizange

1 Der Zaun besteht aus mehreren Einzel-Elementen, deren Anzahl von der Topfgröße abhängig ist. Schneiden Sie für jedes Element etwa 100 cm Draht ab, knicken das Drahtstück mittig und verdrehen die Enden miteinander. Die fertige Kordel wieder in der Mitte knicken und an beiden Enden oben eine Spirale biegen.

2 Fertigen Sie so viele Elemente wie nötig. Zum Schluss legen Sie alle Teile nebeneinander und drahten sie an den Spiralen mit Myrtendraht zusammen. Stecken Sie den Zaun in den Blumentopf und verdrahten Sie die noch offenen Enden.

Dekoratives Holzschild

Poesie und Garten sind hier mit einem schlichten Holzbrett dekorativ vereint. Aber auch ein freundliches »Willkommen« oder »Bin im Garten« machen sich gut darauf.

Das brauchen Sie

Kleines Holzbrett

Weißen Lackstift

Eisendraht (1,4 mm dick, etwa 50 cm Länge)

Rundzange

Seitenschneider

Akku-Bohrschrauber

Bohrer (Durchmesser 1,5 mm)

Hammer

1 Beschriften Sie das Brett mit dem Lackstift und bohren Sie oben in jedes Eck ein Loch.

2 Ziehen Sie je ein Drahtende von hinten nach vorne so durch das Loch, dass jeweils etwa 10 cm vorne überstehen. Daraus biegen Sie mit der Rundzange die Spiralen und klopfen diese mit dem Hammer auf einem harten Untergrund (z. B. Pflasterstein) flach.

Reisig-Herzen als Mobile

Als ich diese Herzen einzeln auf meiner Terrasse dekorierte, gefielen sie mir so gut, dass ich mir gleich noch einige als Mobile in unseren Zwetschgenbaum hing.

Das brauchen Sie

Eisendraht (3 mm)

Reisig

Braunen Myrtendraht

1 Biegen Sie aus dem Draht drei Herzen unterschiedlicher Größe und wickeln Sie diese mit Myrtendraht den Reisig darum (s. Seite 10).

2 Befestigen Sie nun die Reisig-Herzen ebenfalls mit Myrtendraht ineinander und hängen Sie die fertige Herz-Kombination z. B. an einem Ast auf.

Hängevasen

Blumenvasen müssen nicht nur auf Tischen stehen. In einen Baum oder eine größere Pflanze gehängt, sorgen diese niedlichen Hängevasen für einen Hingucker im Garten oder auf dem Balkon.

Das brauchen Sie

Gläser von Vanilleschoten

Dünne gerade Äste

Gartenschere

Heißklebepistole

Paketschnur

Eisendraht (1,4 mm)

Aluminiumdraht (1 mm)

Dünnes Schleifenband

Faden zum Aufhängen

1 Schneiden Sie die Äste entsprechend der Länge der Gläser zu. Dabei dürfen sie ruhig ein paar Millimeter überstehen und müssen auch nicht exakt die gleiche Länge haben, so wirkt das Ganze natürlicher.

2 Kleben Sie Äste mit Heißkleber um die Gläser und befestigen Sie den Faden zum Aufhängen an zwei gegenüberliegenden Ästen.

3 Nun können Sie die Vasen nach Belieben verzieren. Dazu binden Sie z.B. Paketschnur oder ein schönes Schleifenband darum. Oder Sie umwickeln die Vasen mit Draht, beim Dekorieren sind der Fantasie keine Grenzen gesetzt.

Windspiel-Gerüste

Was entspannt mehr, als im Gras unter einem Baum zu liegen und ein Windspiel zu betrachten, wie es sich sanft im Wind hin und her bewegt. Ein wunderbarer Moment, um die Seele baumeln zu lassen.

Das brauchen Sie

Gerüst aus Ästen

Einige gleich dicke Äste

Astschere

Tacker mit Nagelfunktion

Braunen Myrtendraht

Gerüst aus Draht

Eisendraht (3 mm)

Eisendraht (1,4 mm)

Braunen Myrtendraht

Kombizange

Hier stelle ich Ihnen zwei Möglichkeiten vor, wie Sie sich ein Aufhänge-Gerüst für ein Windspiel bauen können.

A Gerüst aus Ästen

Schneiden Sie sich aus den Ästen sechs in etwa gleich lange Teile und tackern Sie diese kreuzweise zusammen. Zum Aufhängen befestigen Sie an den vier Ecken Myrtendraht.

B Gerüst aus Draht

Biegen Sie aus dem dicken Eisendraht einen kleinen und einen größeren Ring und fixieren Sie diese mit Myrtendraht. Verbinden Sie die Ringe, indem Sie beide mit dem dünnen Eisendraht zusammendrehen. Zum Aufhängen befestigen Sie an vier Stellen Myrtendraht.

Windspiel mit Holz und Stein

Hier kommen wieder die mit Draht umwickelten Steine zum Einsatz, wie ich sie auch für meine Gartenstecker verwende. Sie machen sich in Kombination mit Holzstücken auch als Windspiel sehr gut.

Das brauchen Sie

Einige gleich dicke Äste

Astschere

Tacker mit Nagelfunktion

Mehrere kleinere Aststücke

Kleine Nägelchen

Hammer

Steine

Eisendraht (1,4 mm)

Braunen Myrtendraht

Seitenschneider

Kleinen Tontopf

Zündholz

1 Für das Aufhänge-Gerüst schneiden Sie aus den Ästen sechs gleich lange Teile und tackern Sie diese kreuzweise zusammen.

2 Befestigen Sie an den vier Ecken den Myrtendraht.

3 Klopfen Sie in jedes Aststück oben einen kleinen Nagel hinein und befestigen Sie daran je ein Stück Myrtendraht.

4 Hängen Sie das Ast-Gerüst auf und befestigen Sie die Stücke am äußeren Rand in verschiedenen Höhen rundherum daran.

5 Umwickeln Sie nun die Steine mit dem Eisendraht und hängen Sie diese ebenfalls an das Gerüst. In der Mitte befestigen Sie mit Myrtendraht ein kleines Draht-Herz (Anleitung s. Seite 71) und daran das kleine Tontöpfchen mit dem Zündholz. Darunter können Sie noch nach Belieben ein schönes Stück Holz o. Ä. hängen.

Windspiel mit Astscheiben

Diese wunderschönen Astscheiben stammen von einem alten Birnbaum. Als dieser wegen einer Krankheit gefällt werden musste, habe ich mir wegen der schönen Optik gleich ein paar Äste davon ergattert. Unter anderem entstand dieses Windspiel daraus.

Das brauchen Sie

Eisendraht (3 mm)

Eisendraht (1,4 mm)

Braunen Myrtendraht

Kombizange

Ast (etwa 5 cm dick)

Säge

Akku-Bohrschrauber

Bohrer (1,5 mm)

Eisendraht (1,4 mm)

Kombizange

1 Schneiden Sie als Erstes vom Ast etwa 1 cm dicke schräge Scheiben mit der Handsäge ab.

2 Durchbohren Sie die Astscheiben am oberen Rand und befestigen Sie daran je ein Stück Myrtendraht. Hängen Sie das Gerüst auf und befestigen Sie die Scheiben mit den Drähten in unterschiedlichen Höhen daran.

3 Für die Herz-Girlande schneiden Sie vom Eisendraht 50 cm ab, knicken das Drahtstück mittig und verdrehen die Enden miteinander. Formen Sie aus Teilen des gezwirbelten Drahts beliebig viele Herzen in verschiedenen Größen. Hängen Sie die Herzen untereinander mit Myrtendraht in die Mitte des Windspiels.

Teelichthalter-Holzbrett

Es fasziniert mich immer wieder, was man aus einem schlichten Holzbrett und einem Stück Draht alles machen kann. Sie können natürlich den Teelichthalter ganz nach Ihren Wünschen gestalten: Kleiner, größer oder Sie verzieren ihn, z.B. mit Draht-Elementen …

Das brauchen Sie

Holzbrett

Eisendraht (3 mm)

Kombizange

Schrauben

Schraubendreher

Teelichtgläser

Evtl. Bilderrahmen-Aufhänger

1 Biegen Sie zuerst aus dem Draht die Halterungen für die Teelichtgläser (s. Foto), nehmen Sie dabei die Gläser als Maß.

2 Schrauben Sie diese dann an gewünschter Position an das Brett.

3 Zum Aufhängen können Sie das Brett entweder an die Wand schrauben oder Sie befestigen auf der Rückseite einen Bilderrahmen-Aufhänger (Baumarkt).

Kleiner Tipp

Sie können das Teelichthalter-Brett auch mit Eisendraht aufhängen (s. Seite 30, Schritt 4).

Hänge-Windlicht

Schön sieht es aus, wenn Sie sich mehrere dieser Windlichter basteln und an den Gartenzaun oder in einen Baum hängen. Sie können sie aber auch als Tisch-Deko für Ihre Gartenparty benutzen.

Das brauchen Sie

Weckglas

Maschendraht-Geflecht (kleine Lochgröße)

Drahtschere

Silbernen Myrtendraht

Reisig

Braunen Myrtendraht

Hortensienblüten

Paketschnur

1 Schneiden Sie aus dem Maschendraht-Geflecht ein Rechteck. Die Länge entspricht dem Umfang des Glases plus 1 cm, die Höhe richtet sich nach der Höhe des Glases plus 10 cm.

2 Legen Sie das Geflecht um das Glas und fixieren Sie die Seiten mit dem silbernen Myrtendraht.

3 Für den Boden schneiden Sie vom Draht ein längeres Stück ab und wickeln damit unten kreuz und quer und von einer Seite zur anderen, bis eine stabile Fläche entsteht.

4 Drücken Sie dann das Drahtgeflecht über dem Glas Richtung Mitte zusammen (ein Teelicht sollte noch durchpassen) und befestigen Sie zum Aufhängen ein Stück Paketschnur.

5 Verzieren Sie das Windlicht mit einem Reisig-Kränzchen und Hortensienblüten.

Adressen, die Ihnen weiterhelfen

Banddirekt
Stölln 3
84375 Kirchdorf am Inn
Tel.: 0 85 71/6 02 78 06
www.banddirekt.de
Schleifen- und Zierbänder
aller Art

Baumann Creative
In der Waage 15
73463 Westhausen
Tel.: 0 73 63/9 60 70
www.baumann-floristik.de
Floristikbedarf, Weidenruten,
Reisig, diverse Drähte,
Kleinwerkzeug

Baumarkt
Maschinen zum Verleih,
Kleinwerkzeug und -zubehör,
Holzplatten und -leisten

Baustoffhandel
Eisendraht, Maschendraht-
Geflecht

Buttinette
Industriestraße 22
86637 Wertingen
Tel.: 0 18 06/199 6 66
www.buttinette.de
Hobby- und Bastelbedarf

Creativ Discount
Filialen in Düsseldorf, Köln und
Mönchengladbach
www.creativdiscount.de
Farben, Floristik, Klebstoffe,
Pinsel

Dremel Deutschland
Postfach 10 01 56
70745 Leinfelden-Echterdingen
www.dremeleurope.com
Werkzeuge zum Heißkleben,
Verzieren, Gravieren, Schleifen
und Schnitzen

Eckstein Kreativ
Saganer Str. 2
90475 Nürnberg
Tel.: 09 11/81 74 48 40
www.eckstein-kreativ.de
Papier, Mosaik, Stifte, Bänder,
Floristik

Eisenwaren-Fachhandel
Rundstahl in diversen
Ausführungen, Eisendraht

Güntsch
Am Bleichanger 2
07338 Kaulsdorf
Tel.: 03 67 33/2 30 80
www.diebauwelt.net
Antike Dachziegel und Baustoffe

idee. Creativmarkt
30 Filialen in Deutschland,
z. B. in Berlin, Essen, Hamburg
und München
www.idee-shop.com

megahobby
www.megahobby.de
Natur- und Bastelmaterialien,
Werkzeuge

Modulor GmbH
Prinzenstr. 85
10969 Berlin
Tel.: 0 30/69 03 60
www.modulor.de
Papier und Pappen, Bastel-,
Deko- und Kinderfarben

Pinsel Depot Brombach
Deffersdorfer Weg 2
91632 Wieseth
Tel.: 0 98 22/2 53
www.pinsel-depot.de
Pinsel

Rayher Hobby GmbH
Fockestr. 15
88471 Laupheim
Tel.: 0 73 92/7 00 50
www.rayher-hobby.de
Papier, Farben, Garten-
dekoration

Rico Design
Industriestr. 19–23
33034 Brakel
Tel.: 0 52/72 60 20
www.rico-design.de
Künstlerbedarf

VBS Hobby Service
Justus-von-Liebig Straße 8
27283 Verden
Tel.: 0 42 31/6 68 11
www.vbs-hobby.com
Hobby- und Bastelbedarf,
Kleinwerkzeug, Heißklebe-
Zubehör, Lackstifte

Österreich

Babsi's Künstler- und
Bastelbedarf
Steinwenderstraße 15
9500 Villach
Österreich
Tel.: +43 42 42/2 73 73
www.babsi.at
Künstler- und Bastelbedarf

Verzeichnis aller Deko-Ideen

Darin fühlen sich Blumen wohl

Pflanzschilder, Rankhilfen & Co.

Dekoratives für Garten & Balkon

Stichwortverzeichnis

Widmung

Dieses Buch möchte ich meiner Oma widmen, die mir schon als Kind die Schönheit der Natur nahelegte und mich lehrte, aus ihr zu schöpfen und ihre Schätze sinnvoll zu nutzen. Danke Oma für die vielen lehrreichen Wald-, Wiesen- und Almspaziergänge, eine meiner schönsten Kindheitserinnerungen.

Danksagung

Herzlichen Dank möchte ich sagen an alle, die dieses Buch ermöglicht haben und direkt oder indirekt daran beteiligt waren. Insbesondere meinem Mann Markus und meiner Mama für ihre Geduld und Unterstützung. Dass sie mir stets für meine Arbeiten und bei den Fotoshootings den Rücken freihielten und auf die Kinder aufpassten. Danke Birgit für die schönen Bilder und deine guten Nerven für meine Sonderwünsche. Vielen lieben Dank auch an meine Nachbarinnen Sabine, Manu und Erna, dass wir jederzeit in ihren Gärten »wüten« durften.

Über die Autorin

Stefanie Haberlander ist in einem 30-Seelen-Dörfchen im Chiemgauer Alpenvorland auf-
gewachsen. Von Kindesbeinen an verbrachte sie viel Zeit in Wald und Wiesen und sammelt
bis heute leidenschaftlich in der Natur verschiedenste Materialien, um daraus Sachen zu
basteln und zu dekorieren. Ihre Prämisse ist, ohne viele Hilfsmittel oder kostspielige Materialien
hübsche Dekorationen für Haus und Garten zu kreieren.

Impressum

Bibliografische Information der Deutschen Nationalbibliothek

Die Deutsche Nationalbibliothek verzeichnet diese Publikation in
der Deutschen Nationalbibliografie; detaillierte bibliografische
Daten sind im Internet über http://dnb.d-nb.de abrufbar.

Taschenbuchausgabe des Titels »Das Deko-Buch für Garten und
Balkon«, ISBN 978-3-8354-0939-2

BLV Buchverlag
GmbH & Co. KG
80636 München

© 2016 BLV Buchverlag GmbH & Co. KG, München

Bildnachweis:
Alle Bilder von Birgit Schuster, außer:
Flora Press/GAP: S. 36

Umschlagkonzeption und Gestaltung: BLV-Verlag
Umschlagfotos: Birgit Schuster

Konzeption & Lektorat: Sandra-Mareike Kreß, Sonja Forster
Herstellung: Angelika Tröger
DTP: griesbeckdesign, München

Gedruckt auf chlorfrei gebleichtem Papier

Printed in Italy
ISBN 978-3-8354-1565-2

www.facebook.com/blvVerlag

Hinweis
Das vorliegende Buch wurde sorgfältig erarbeitet. Dennoch erfolgen
alle Angaben ohne Gewähr. Weder Autorin noch Verlag können für
eventuelle Nachteile oder Schäden, die aus den im Buch vorgestellten
Informationen resultieren, eine Haftung übernehmen.

BLV im WEB

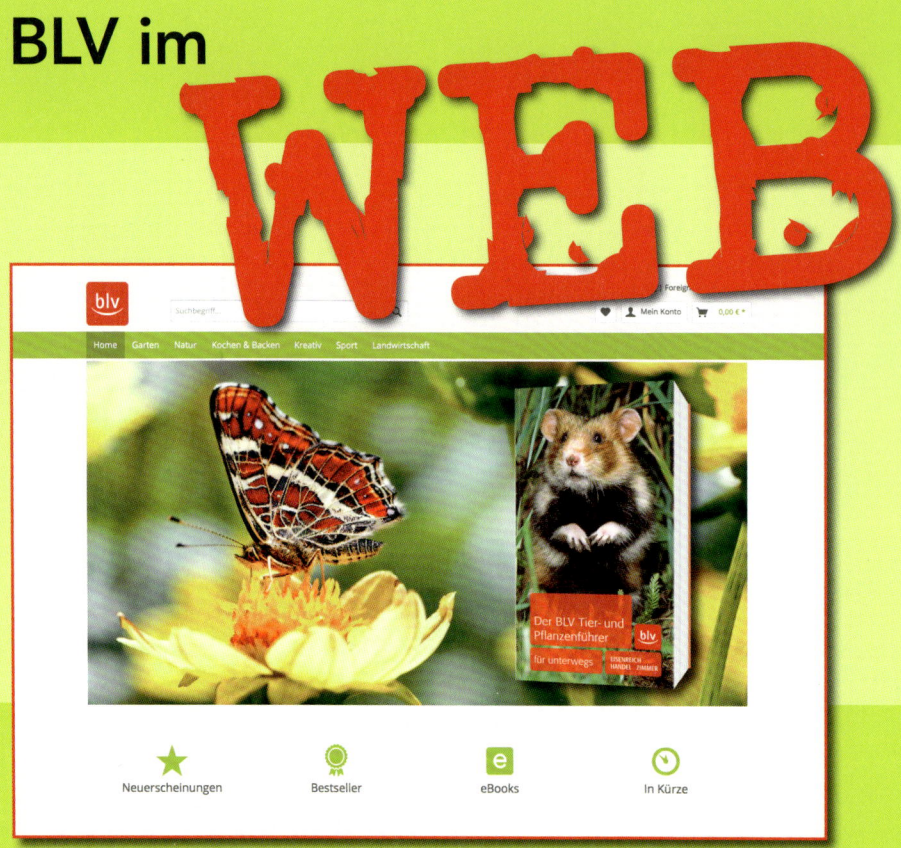

In unserem Webshop warten weit über 500 lieferbare Titel zu den Themen Garten, Natur, Sport, Fitness, Kreativ und Kochen auf Sie.

Surfen Sie doch mal vorbei, bestellen Sie **versandkostenfrei** und zahlen Sie bequem z.B. **auf Rechnung** oder schnell via **Paypal**.

Versandkostenfrei bestellen: www.blv.de